BEI GRIN MACHT SICH IHR
WISSEN BEZAHLT

- Wir veröffentlichen Ihre Hausarbeit,
  Bachelor- und Masterarbeit

- Ihr eigenes eBook und Buch -
  weltweit in allen wichtigen Shops

- Verdienen Sie an jedem Verkauf

Jetzt bei www.GRIN.com hochladen
und kostenlos publizieren

Demokratie im Fadenkreuz? Microtargeting aus demokratietheoretischer Sicht

Eine Analyse von Donald Trumps US-Präsidentschaftskampagne 2016

Tim-Philipp Hödl

Bibliografische Information der Deutschen Nationalbibliothek:

Die Deutsche Nationalbibliothek verzeichnet diese Publikation in der Deutschen Nationalbibliografie; detaillierte bibliografische Daten sind im Internet über http://dnb.d-nb.de abrufbar.

ISBN: 9783346588975
Dieses Buch ist auch als E-Book erhältlich.

Eberhard Karls Universität Tübingen
Institut für Politikwissenschaft
Wintersemester 2017/2018
Seminar: Einführung in das Studium der Politikwissenschaft

Demokratie im Fadenkreuz?

Eine Analyse von Microtargeting aus demokratietheoretischer Sicht am
Beispiel von Donald Trumps US-Präsidentschaftskampagne 2016

vorgelegt am 24. März 2018 von:
Tim-Philipp Hödl

Politikwissenschaft (HF, B.A.)
Medienwissenschaft (NF, B.A.)
1. Fachsemester

Inhaltsverzeichnis

Einleitung   S. 1

Kapitel 1: Theoretische Grundlagen

    1.1   Microtargeting – Definition und Funktionsweise   S. 2

    1.2   Der Wahlkampf aus demokratietheoretischer Perspektive   S. 3

Kapitel 2: Microtargeting als Instrument der Trump-Kampagne

    2.1   Das Kalkül der Trump-Kampagne 2016   S. 4

    2.2   Die Wegweiser zum Electoral Vote   S. 6

        2.2.1   Mobilisierung bestimmter Wählergruppen   S. 7

        2.2.2   Demobilisierung bestimmter Wählergruppen   S. 9

Fazit   S.10

Literaturverzeichnis   S.12

Einleitung

„Campaigns are becoming more individualized and tailored to you, the *voter* [Hervorhebung im Original], because of technology" (Semiatin 2016: 4). Erste Anzeichen auf die hier beschriebene Wandlung von Wahlkämpfen lassen sich für die USA bis in das Jahr 1968 zurückverfolgen. Damals warb die Nixon-Kampagne gezielt um die Stimmen weißer Südstaatenbürger, indem sie Wahlkampfbotschaften auf eben diese Gruppe zuschnitt (Bunting 2015: 1f.). Inzwischen besteht jedoch nicht mehr nur die Möglichkeit, breite Bevölkerungsschichten, sondern einzelne Personen mit individualisierten Inhalten anzusprechen (Agan 2007: 2). Das Werkzeug dazu nennt sich *Microtargeting*. Diese datengetriebene Marketingmethode spielt seit 2000 eine zentrale Rolle in US-Präsidentschaftswahlkämpfen (Panagopoulos 2016: 180).

Als Wahlkampfinstrument hat sich Microtargeting demnach etabliert. Somit steht es in einem direkten Zusammenhang zu den Wahlen selbst, die zum „Kernbestand demokratischer Ordnung" zählen (Hesse 1999: 73f.). Dieser Umstand wirft die Frage auf, ob Microtargeting demokratischen Grundsätzen entspricht.

Die Forschung problematisierte Microtargeting in dieser Hinsicht bereits (vgl. Barocas 2012; Gorton 2016). Allerdings entwickelte es sich in den vergangenen Jahren technisch stets weiter, wodurch sich Wahlkämpfe mit neuen Methoden führen ließen (Bunting 2015). Daher erscheint es relevant, Microtargeting an einem aktuellen Beispiel erneut aus demokratietheoretischer Sicht zu bewerten. Die vorliegende Arbeit prüft zu diesem Zweck die These, dass Microtargeting im Wahlkampf dem Grundsatz der der freien und gleichen Meinungs- und Willensbildung möglichst aller Bürger widerspricht. Als Fallbeispiel dient der Hauptwahlkampf von Donald Trumps US-Präsidentschaftskampagne 2016, der nach den Vorwahlen Mitte 2016 begann und am Wahltag am 8. November desselben Jahres endete.

Zur Beantwortung der Forschungsfrage geht die Arbeit wie folgt vor: Eingangs definiert sie Microtargeting zum tieferen Verständnis anhand seiner Funktionsweise. Anschließend folgt ein Überblick nach Ulrich Sarcinelli, unter welchen Gesichtspunkten eine demokratietheoretische Einordnung von Wahlkämpfen vorgenommen werden kann. Dieser Abschnitt legt auch das theoretische Fundament der Arbeitsthese. Weiter ergibt sich hieraus eine demokratietheoretische Linse, durch die fortan Donald Trumps Präsidentschaftskampagne analysiert wird.

Konkret umfasst die Betrachtung drei Aspekte: die zugrundeliegende Strategie der Trump-Kampagne, wie Microtargeting zu deren Umsetzung beitrug, und in welchen konkreten Maßnahmen sich dies äußerte. Der letzte Abschnitt fasst die Ergebnisse zusammen, um sie abschließend über die Arbeitsthese zu der Beantwortung der Forschungsfrage zu führen.

Da die vergangene US-Präsidentschaftswahl noch nicht lange zurückliegt, besteht die Quellenbasis zu großen Teilen aus journalistischen Beiträgen, die den Wahlkampf beispielsweise über Interviews mit Beteiligten begleiteten oder nachbereiteten beziehungsweise immer noch nachbereiten. Aus dem wissenschaftlichen Bereich hervorzuheben ist Mario Voigt (2018), der den digitalen Wahlkampf der Trump-Kampagne in ihren Grundzügen nachzeichnete.

Kapitel 1: Theoretische Grundlagen

1.1 Microtargeting – Definition und Funktionsweise

Microtargeting beschreibt einen strategischen Prozess, der mehrere Schritte umfasst. Den Ausgangspunkt bildet das Phänomen *Big Data* (Papakyriakopoulos et al. 2017: 327). Dessen Kernidee besteht darin, Anwendungsmöglichkeiten daraus zu ziehen, dass immer neue Bereiche des Lebens in Daten gefasst werden – ob nun Standorte mittels Längen- und Breitengraden oder Freundschaften via Facebook (Cukier/Mayer-Schoenberger 2013: 29). Für politische Kampagnen relevant sind „sowohl die Namen und Adressen von Wählern sowie deren zurückliegende Wahlentscheidungen als auch abstraktere Parameter, wie bspw. persönliche Meinungsäußerungen über politische und unpolitische Themen, soziale Interaktionen und kulturelle Interessen oder soziodemografische Faktoren"[1] (Papakyriakopoulos et al. 2017: 328).

---

[1] Im Vergleich zu den USA gelten in Deutschland weitaus strengere Datenschutzbestimmungen. Technisch möglich und auch praktisch umsetzbar ist Microtargeting aber auch hierzulande. Konkrete Bemühungen in diese Richtung unternahm die CDU im Bundestagswahlkampf 2017, als sie ihren digitalen und analogen Wahlkampf über einer App für Wahlhelfer zusammenführte (vgl. Papakyriakopoulos et al. 2017).

In den USA beziehen politische Kampagnen diese Daten unter anderem über Wählerdatenbanken der einzelnen Bundesstaaten und über kommerzielle Anbieter, die beispielsweise mit Informationen zum Bildungsstatus, der Einkommenshöhe oder dem Kaufverhalten von Wählern handeln (Barocas 2012: 32).

Die gesammelten Daten werden mittels Computeralgorithmen aufbereitet. Auf diese Weise erhalten politische Kampagnen Prognosen über Variablen wie den Wahlausgang und eine Übersicht zu Wähleruntergruppen, die die Algorithmen aufgrund übereinstimmender Eigenschaften zwischen den eingespeisten Personen herausbilden. Anhand der Ergebnisse lassen sich Wahlkampfbotschaften oder -strategien anpassen (Papakyriakopoulos et al. 2017: 327f.).

1.2 Der Wahlkampf aus demokratietheoretischer Perspektive

Der Politikwissenschaftler Ulrich Sarcinelli (2011: 225) definiert eine Wahlkampagne als „eine politische Zäsur mit einer mehr oder weniger deutlich abgrenzbaren Phase politischer Kommunikation". In dieser erbringen Parteien „besondere organisatorische, inhaltliche, personelle und kommunikative Leistungen", die darauf abzielen, Wähler und deren Stimmen für das eigene Personal sowie die eigenen Inhalten zu gewinnen (ebd.). Wie man diesen Vorgang bewertet, hängt wiederum von der jeweils zugrundeliegenden Demokratievorstellung ab (ebd.: 243).

Hierzu verweist er auf zwei Grundmodelle – ein „realistisches" und ein „idealistisches" (Sarcinelli 2011: 226ff.) [2]. Ersteres fußt auf dem Menschenbild des homo oeconomicus, also eines rationalen Individuums, das durch sein Handeln den persönlichen Nutzen maximieren will. Wahlen regeln in erster Linie, wer die politische Führung innehat (ebd.: 226f.). Wähler hingegen werden „zum (un)politischen Konsumenten, der sich nach kühlem Nutzenkalkül zwischen – idealiter – zwei Produkten auf dem politischen ‚Markt' entscheidet" (ebd.: 227).

---

2   Sarcinelli (2011: 226ff.) spricht in einem ersten Schritt bewusst vereinfachend von einer realistischen und einer idealistischen Demokratievorstellung, bezieht sich im Anschluss jedoch auf den Politikwissenschaftler Giovanni Sartori und dessen Unterscheidung zwischen „Wahldemokratie" und „Mitwirkungsdemokratie". Diese nutzt er als Überbegriffe für jeweils mehrere, ähnlich gelagerte Demokratiekonzepte.

Dem gegenüber steht das zweite Grundmodell. Dieses verweist auf das Menschenbild des homo politicus, dem umgangssprachlichen mündigen Bürger (ebd.: 227f.). Von zentraler Bedeutung ist hier „die gleiche und dem Gemeinwesen dienliche Teilhabe möglichst aller", die sich nicht nur auf die Wahl, sondern vielmehr auf einen fortlaufenden Prozess der freien Meinungs- und Willensbildung erstreckt (ebd.: 228). Ein Wahlkampfinstrument entspricht demzufolge demokratischen Grundsätzen, wenn es zu ebendiesem Prozess beiträgt. Schränkt es ihn hingegen ein, – zum Beispiel durch eine strukturelle Ungleichbehandlung der Bürger – so gilt es als undemokratisch. Diesen Maßstab legt die Arbeit im Folgenden an den Hauptwahlkampf von Donald Trumps vergangener Präsidentschaftskampagne an.

Damit beschränkt sie sich auf eine mögliche Lesart des Wahlkampfes. Dies geschieht einerseits im Hinblick auf den vorgegeben Umfang. Andererseits soll dadurch der normative Anspruch der Forschungsfrage betont werden.

Kapitel 2: Microtargeting als Instrument der Trump-Kampagne

2.1 Das Kalkül der Trump-Kampagne 2016

Nach dem Ende der Vorwahlen unterzog sich die Trump-Kampagne einem „Restart mit digitalem Ansatz" (Voigt 2018: 150). Da Trump inzwischen der offizielle Präsidentschaftskandidat der Republikaner war, hatte sein Wahlkampfteam Zugriff auf Mittel des *Republican National Committee* (RNC). Das Organisationsgremium der republikanischen Partei legte seit 2013 mehr als 175 Millionen US-Dollar in digitale Infrastruktur an, um Kampagnen ihrer Mitglieder zu stärken. Unter anderem schuf das RNC eine Datenbasis, die Informationen von über 190 Millionen US-Wählern umfasst (ebd.: 152). Zudem engagierte das Trump-Team mehrere Datenanalysefirmen, darunter Cambridge Analytica (Bertoni 2016), und wurde von Facebook-, Google- und Twitter-Mitarbeitern dabei unterstützt, die Werbemöglichkeiten der jeweiligen Plattformen auszuschöpfen (Stahl 2017).

Ihre datengetriebenen Aktivitäten bündelte die Kampagne in einem eigens dafür eingerichteten Hauptquartier in San Antonio. Unter der Leitung von Digital Communications Director Brad Parscale arbeiteten letztlich mehr als 100 Personen an den „digitalen Fundraising-, Botschafts- und Targetingaktivitäten" (Voigt 2018: 150f.). Die technische Grundlage dafür bildete eine Datenbank namens *Project Alamo* (Green/Issenberg 2016a). In ihr flossen die Informationen, die die Trump-Kampagne während der Vorwahlen gesammelt hatte, mit denen des RNC, von Cambridge Analytica[3] und mehreren Facebook-Marketing-Partnern zusammen (Voigt 2018: 154). Zusätzlich investierte man wöchentlich 100.000 US-Dollar in Umfragen (Green/Issenberg 2016a).

Geprägt war die Kampagne vom Grundsatz, die vorhandenen Ressourcen maximal effizient einzusetzen. Laut Jared Kushner, Trumps Schwiegersohn und einem seiner wichtigsten Wahlkampfberater, führte man sie wie ein Unternehmen:

> „We did an analysis about where you spend your money. For example, a market like New Hampshire is a very, very expensive market. So your cost per vote – and thus cost per electoral vote – is going to be substantially higher than someplace else. Take a market like Florida, we analyzed the different aspects of the state. We did our TV buying, our digital buying, our walking, our phones, all based on geographically. We asked, 'how we can get the best ROI because every [Anm. d. Verf.: electoral] vote is the same.' But some votes are more expensive to get. Some votes are less expensive to get. We were very data driven in terms of how we could always judge what the ROI was" (Bertoni 2017).

Im Hinblick auf die Arbeitsthese gilt es, zwei Aspekte dieser Aussage hervorzuheben und einzuordnen. Einerseits zeigt sie, dass die Trump-Kampagne potenzielle Wähler mittels einer Kosten-Nutzen-Rechnung gewichtete, wobei die Maßgabe bestand, möglichst kosteneffizient vorzugehen. Andererseits konzentrierte sie sich dementsprechend auf den *Electoral Vote* und zielte damit auf eine Eigenheit des US-amerikanischen Wahlsystems ab.

Die wahlberechtigte Bevölkerung stimmt nur indirekt über den nächsten Präsidenten ab, da sie nicht die Kandidaten selbst, sondern *Electors* wählt. Diese geben im Rahmen des *Electoral College* ihre Stimmen ab, um einen Wahlgewinner zu ermitteln. Hierbei gilt in der Regel das Winner-Takes-All-Prinzip. Demnach erhält der Kandidat, der die relative Mehrheit der abgegebenen Wählerstimmen gewinnt, alle Electors eines Bundesstaates.

---

3   Voigt (2018: 154) zufolge konnte Trumps Wahlkampfteam über Cambridge Analytica Informationen nutzen, die die Firma während der Vorwahlen für die Kampagnen der republikanischen Kontrahenten Ted Cruz und Ben Carson aggregierte. Nach den mutmaßlichen Enthüllungen eines ehemaligen Cambridge-Analytica-Mitarbeiters steht das Unternehmen nun im Verdacht, sich entgegen der Facebook-Richtlinien und ohne die Zustimmung oder das Wissen der betroffenen Personen Zugriff auf Daten von über 50 Millionen Facebook-Nutzern verschafft zu haben. Diese Daten sollen zudem im US-Wahlkampf 2016 verwendet worden sein (Cadwalladr/Graham-Harrison 2018).

Hinzu kommt, dass nicht alle Bundesstaaten dieselbe Anzahl an Electors entsendet. Die Zuteilung der jeweils konkreten Anzahl fällt vielmehr zugunsten einiger bevölkerungsarmer Staaten aus (Plank 2013: 6f.). So lässt sich erklären, wieso die demokratische Präsidentschaftskandidatin Hillary Clinton mehr Wählerstimmen als Trump erhielt, letzterer aber dennoch US-Präsident wurde.

Die Trump-Kampagne beabsichtigte demzufolge nicht, möglichst alle, oder auch nur möglichst viele Wähler anzusprechen. Von einer „gleiche[n] [...] Teilhabe" (Sarcinelli 2011: 228) kann also keine Rede sein. Stattdessen ging es ihr um die taktische Ansprache bestimmter Wählergruppen. Gleichzeitig verweist Kushner mit seiner Äußerung auf die Bedeutung, die Microtargeting für die Kampagne hatte. Daher setzt sich der nachfolgende Abschnitt mit der Frage auseinander, inwiefern es zur Umsetzung dieser Strategie beitrug.

2.2 Die Wegweiser zum Electoral Vote

Präsidentschaftskampagnen fokussieren sich oftmals auf die sogenannten *Swing States* beziehungsweise *Battleground States* (Plank 2013: 9). Hierbei handelt es sich um Bundesstaaten, die im Gegensatz zum Großteil der anderen Staaten keine klare Präferenz in Richtung der Demokraten oder Republikaner erkennen lassen (Voigt 2018: 158). Gemäß dieser „klassischen Logik amerikanischer Präsidentschaftskampagnen" legte auch das Trump-Team sein Hauptaugenmerk auf die *Battleground States* (ebd.). Um dort möglichst zielgerichtet zu agieren, entwickelte es mit dem *Battleground Optimizer Path to Victory* ein spezielles Tool. Dieses prognostizierte täglich, wie die Wahl verlaufen könnte. Zudem gewichtete es die Staaten nach dem jeweiligen Stellenwert, den sie laut der Modelle für den Electoral Vote hatten (Green/Issenberg 2016a).

Aus den Ergebnissen ergab sich ein *Priority Score* für die Bundesstaaten. Diesen speiste die Trump-Kampagne in ein Dashboard ein. In ihm flossen die wichtigsten Informationen zu den Battleground States und die der Wähleranalysen zusammen (Voigt 2018: 159).

Während der Battleground Optimizer Path to Victory dafür verantwortlich war, der Kampagne mitzuteilen, wo sie ihre Ressourcen einsetzen sollten, lag es an den Wähleranalysen, das Wen und Wie zu erforschen. Zwölf Analytiker fertigten über jeden Wähler Vorhersagen an, die offenlegen sollten, ob die jeweilige Person zu Trump oder Clinton tendierte, wie groß die Wahrscheinlichkeit war, dass sie zur Wahl gehen würde und welche Top-Themen sie bewegten. Mithilfe dieser Modelle bildete die Kampagne Zielgruppen samt dazugehöriger Anspracheoptionen, darunter neuartige Zielgruppen wie die „disenfranchised new Republicans" (Voigt 2018: 155ff.). Von klassischen Republikanern hebt sie zum Beispiel ab, dass sie sowohl junger als auch populistischer sind und aus ländlicheren Regionen stammen (Green/Issenberg 2016a). Insgesamt ermittelte die Trump-Kampagne in 16 Battleground States 13,5 Millionen Personen, die ihren Berechnungen zufolge als überzeugbare Wechselwähler galten (Green/Issenberg 2016a).

Wie diese Ausführungen nachzeichnen, setzte das Wahlkampfteam Microtargeting systematisch dazu ein, um mutmaßlich relevante Regionen und Wählergruppen für den Electoral Vote herauszuarbeiten und diese danach zu priorisieren. In welchen konkreten Maßnahmen sich dieses Vorgehen äußerte, thematisieren die zwei nachfolgenden Unterkapitel.

2.2.1 Mobilisierung bestimmter Wählergruppen

Der Battleground Optimizer Path to Victory und die Wähleranalysen bildeten gemeinsam den Maßstab, den die Kampagne grundsätzlich an das eigene Vorgehen anlegte. Dabei beschränkte sie sich nicht nur auf die digitale Kommunikation, sondern etwa auch auf Fernsehwerbung und Wahlkampfveranstaltungen (Voigt 2018: 161). „Die Trump-Kampagne ließ sich von den Empfehlungen des Battleground Optimizer leiten und justierte wöchentlich ihre Reiseroute neu" (ebd.: 167).

Im Nachgang der Wahl zeigte sich, dass Trump jeden der sechs wichtigsten Battleground States (Florida, Pennsylvania, Ohio, North Carolina, Michigan und Wisconsin) während der finalen 100 Tage des Wahlkampfes deutlich häufiger als Clinton besucht hatte. So absolvierte er beispielsweise in Florida 39 Auftritte, Clinton hingegen 29. Noch deutlicher fällt der Unterschied zwischen beiden in Wisconsin aus. Denn während Trump diesen Bundesstaat sechs Mal besuchte, trat Clinton dort kein einziges Mal persönlich auf. Insgesamt stehen den 133 Besuchen von Trump 87 von Clinton gegenüber (Terrell 2016).

Trotz des datengetriebenen Vorgehens räumten die internen Prognosen Trump Mitte Oktober eine Gewinnchance von nur 7,8 Prozent ein (Green/Issenberg 2016b). Dies änderte sich allerdings, als die ersten Briefwahldaten eintrafen. Aus ihnen leitete die Kampagne drei Trends ab: Die Wahlbeteiligung schwarzer Wähler fiel vergleichsweise gering aus, die von hispanostämmigen Wählern stieg hingegen nur in Maßen. Dafür überstieg die Beteiligung älterer, weißer Wähler aus ländlichen Regionen die die internen Erwartungen (Voigt 2018: 159).

Diese Erkenntnisse waren insofern relevant, als dass sie auf eine potenzielle Schwächung Clintons, und eine potenzielle Stärkung Trumps hindeuteten. Denn während schwarze und hispanostämmige Wähler vor allem in Florida und North Carolina eine wichtige Zielgruppe für Clinton darstellten, ließ sich dasselbe für Trump im Fall der älteren, weißen Bevölkerung in Staaten wie Michigan und Pennsylvania sagen (ebd.: 159f.). In den letzten zwei Wochen vor der Wahl besuchte Trump diese daraufhin (Green/Issenberg 2016b).

In der Woche vor der Wahl überarbeiteten die Analysten der Kampagne indes ihre Datenmodelle. „In the last week before the election, we undertook a big exercise to reweight all of our polling, because we thought that who [pollsters] were sampling from was the wrong idea of who the electorate was going to turn out to be this cycle", so Matt Oczkowski von Cambridge Analytica (ebd.). Daraufhin verbesserten sich die internen Gewinnchancen – am Abend vor der Wahl lagen sie bei 30 Prozent, im Laufe des Wahltags zeichnete sich der Sieg Trumps dann immer deutlicher ab (Voigt: 160).

Die hier geschilderten Beispiele unterstreichen die Feststellungen des vorherigen Abschnitts. Die Trump-Kampagne intensivierte die politische Kommunikation mit bestimmten Wählergruppen, sofern sie sich davon einen Vorteil für den Electoral Vote versprach. Im Umkehrschluss bleibt festzuhalten: Indem das Wahlkampfteam mittels Microtargeting festlegte, auf wen und wo sie ihre Ressourcen konzentrieren würde, legte sie gleichzeitig fest, welche Regionen und Personen der internen Logik zufolge ignoriert werden konnten.

2.2.2 Demobilisierung bestimmter Wählergruppen

In den finalen Wochen des Wahlkampfs konzentrierte sich die Trump-Kampagne aber nicht nur darauf, spezielle Wählergruppen zu mobilisieren, sondern auch darauf, potenzielle Clinton-Wähler zu demobilisieren. Gegenüber Bloomberg Businessweek sprach ein namentlich nicht genannter, hochrangiger Mitarbeiter diesbezüglich von „three major voter suppression operations" (Green/Issenberg 2016a). Konkret bedeutete dies: Anhand seiner Datenmodelle identifizierte Trumps Wahlkampfteam idealistische, weiße Linke, junge Frauen und Schwarze als zentrale Gruppen für Clinton und versuchte, diese auf unterschiedliche Weise vom Wählen abzuhalten (ebd.).

So griff die Trump-Kampagne unter anderem auf eine Aussage Clintons von 1996 zurück, um sie bei schwarzen Wählern in Verruf zu bringen (ebd.). Damals gebrauchte sie in einer Rede den Begriff *superpredators*. Inhaltlich bezog sie sich damit auf schwerkriminelle Jugendliche im Allgemeinen. Allerdings handelt es sich hierbei um einen rassistisch aufgeladenen Begriff, der vornehmlich auf junge Schwarze abzielte (Graves 2016). Diesen Umstand nutzte die Trump-Kampagne für einen ihrer Werbeclips. Er zeigte eine Animation von Clinton, die im Stil der TV-Serie South Park gehalten und mit einem Ausschnitt ihrer damaligen Aussage sowie dem folgenden Text unterlegt war: „Hillary Thinks African Americans are Super Predators." (Green/Issenberg 2016a). Ausspielen ließ die Kampagne den Clip gezielt an schwarze Facebook-Nutzer[4], und zwar über sogenannte *dark posts* (ebd.; Winston 2016). Derartige Werbeanzeigen sehen ausschließlich Nutzer, die bestimmte, durch den Werbetreibenden festgelegte Kriterien erfüllen (Delany 2016).

Fraglich bleibt, wie demobilisierend diese Operationen letztlich auf die anvisierten Zielgruppen gewirkt haben. Denn die Wahlbeteiligung dieser Bevölkerungsschichten lässt noch keinen Schluss darüber zu, was sie dazu gebracht hat, wählen zu gehen, oder es eben nicht zu tun.

---

4 Aus Gründen der Vollständigkeit und Transparenz sei an dieser Stelle angemerkt, dass Brad Parscale den Einsatz von dark posts bestätigte. Die Frage danach, ob er beim Microtargeting jemals potenzielle Wähler anhand ihrer Ethnie ausgewählt habe, verneinte er aber (Stahl 2017). Allerdings gilt diese Aussage als unglaubwürdig, da ein derartiges Vorgehen in US-Wahlkämpfen üblich ist (Bump 2017). Hinzu kommt, dass die Trump-Kampagne nachweislich ethnische Klassen mithilfe demographischer Angaben definierte und diese in den Targeting-Prozess einflossen (Voigt 2018: 154ff.).

Aus demokratietheoretischer Perspektive ist jedoch schon der bloße Versuch der Demobilisierung zu kritisieren. Schließlich zielt er darauf ab, den Meinungs- und Willensbildungsprozess der Betroffenen insofern zu stören, als dass man sie davon abhalten will, ihren Willen in Form einer Wahlentscheidung auszudrücken. Problematisch ist in diesem Zusammenhang zudem der Einsatz von dark posts, da sie darauf ausgelegt sind, dass nur ein bestimmter und damit eingeschränkter Personenkreis ihre Inhalte sieht. Damit stehen auch sie dem Konzept einer Gesellschaft, in der möglichst alle an einem gleichwertigen Prozess der Meinungs- und Willensbildung teilnehmen sollen, entgegen.

Fazit

Die vorliegende Arbeit hat in den vergangenen Kapiteln herausgearbeitet, welche grundlegende Strategie die US-Präsidentschaftskampagne von Donald Trump im Hauptwahlkampf 2016 verfolgte, welche Rolle Microtargeting spielte und wie sich dessen Einsatz äußerte. Hierbei kam sie zu dem Ergebnis, dass das Wahlkampfteam von vornherein darauf abzielte, nur bestimmte Wählergruppen anzusprechen. Der zentrale Faktor war dabei, wie sie möglichst kosteneffizient und trotzdem effektiv die Mehrheit beim wahlentscheidenden Electoral College gewinnen konnte.

Um in diesem Zusammenhang mutmaßlich relevante Regionen und Wähler ausfindig zu machen und zu erreichen, vertraute sie auf Microtargeting. Sie versuchte, Wähler über ihre Daten und die damit erstellten Modelle möglichst umfangreich zu erfassen, und dann – je nach taktischem Wert – zu mobilisieren oder zu demobilisieren.

Legen wir all dem ein Demokratieverständnis zugrunde, das von einem fortlaufenden Meinungs- und Willensbildungsprozess möglichst aller Bürger zehrt, so bestätigt sich die eingangs aufgestellte These. Damit entspricht Microtargeting, so wie es von der Trump-Kampagne praktiziert wurde, keinen demokratischen Grundprinzipien. Vielmehr das Gegenteil ist der Fall. Stehen doch beispielsweise der Einsatz von dark posts oder das Ignorieren bestimmter Wählerschichten im Widerspruch zu einer Gesellschaft der gleichen und freien Meinungs- und Willensbildung.

Das Ergebnis der vorliegenden Arbeit steht allerdings unter dem Vorbehalt, dass die verwendete demokratietheoretische Perspektive nur eine von mindestens zwei möglichen

10

Blickwinkeln ist. Demnach kann nicht ausgeschlossen werden, dass eine andere theoretische Grundlage zu anderen Schlüssen führt. Zudem sei darauf hingewiesen, dass Microtargeting nicht zwangsläufig die hier beschriebenen Formen annehmen muss – zumindest verweist die unter Abschnitt 1.1 dargelegte Funktionsweise darauf. Demnach umfasst Microtargeting verschiedene Werkzeuge, wie politische Kampagnen diese nutzen, hängt allerdings von ihren Intentionen ab.

Diese Einschränkungen des Fazits machen deutlich, dass es zusätzlicher Forschung bedarf, um das Phänomen Microtargeting besser zu erklären und zu verstehen. So könnten nachfolgende Arbeiten versuchen, eine alternative Perspektive auf Microtargeting zu schaffen und sich darauf aufbauend mit der Frage beschäftigen, ob beziehungsweise inwiefern sich Microtargeting mit demokratischen Strukturen vereinbaren lässt und welche Rahmenbedingungen dafür vorherrschen müssen.

Literaturverzeichnis

Agan, Tom (2007): Silent Marketing. Micro-targeting. New York: Penn, Schoen and Berland Associates.

Barocas, Solon (2012): The Price of Precision. Voter Microtargeting and Its Potential Harms to the Democratic Process. In: Weber, Ingmar (Hrsg.): Proceedings of the first edition workshop on Politics, elections and data. New York: ACM Special Interest Group on Hypertext, Hypermedia, and Web, S. 31-36.

Bertoni, Steven (2016): Exclusive Interview: How Jared Kushner Won Trump The White House. Online verfügbar unter: https://www.forbes.com/sites/stevenbertoni/2016/11/22/exclusive-interview-how-jared-kushner-won-trump-the-white-house/#1c9932163af6, zuletzt geprüft am 24.03.2018.

Bertoni, Steven (2017): Jared Kushner In His Own Words On The Trump Data Operation The FBI Is Reportedly Probing. Online verfügbar unter: https://www.forbes.com/sites/stevenbertoni/2017/05/26/jared-kushner-in-his-own-words-on-the-trump-data-operation-the-fbi-is-reportedly-probing/#144c0e22a90f, zuletzt geprüft am 24.03.2018.

Bump, Philip (2017): '60 Minutes' profiles the genius who won Trump's campaign: Facebook. Online verfügbar unter: https://www.washingtonpost.com/news/politics/wp/2017/10/09/60-minutes-profiles-the-genius-who-won-trumps-campaign-facebook/?utm_term=.0c060be9e259, zuletzt geprüft am 24.03.2018.

Bunting, Luke (2015): The Evolution of American Microtargeting. An Examination of Modern Political Messaging. In: *Butler Journal of Undergraduate Research*, 1 (1), S. 1-21. Online verfügbar unter: https://digitalcommons.butler.edu/cgi/viewcontent.cgi?article=1007&context=bjur, zuletzt geprüft am 24.03.2018.

Cadwalladr, Carole/Graham-Harrison, Emma (2018): Revealed: 50 million Facebook profiles harvested for Cambridge Analytica in major data breach. Online verfügbar unter: https://www.theguardian.com/news/2018/mar/17/cambridge-analytica-facebook-influence-us-election, zuletzt geprüft am 24.03.2018.

Cukier, Kenneth/Mayer-Schoenberger, Viktor (2013): The Rise of Big Data. How it's Changing the Way We Think about the World. In: *Foreign Affairs*, 92 (3), S. 28-40.

Delany, Colin (2016): Did 'Dark' Facebook Posts Win Trump the White House?. Online verfügbar unter: http://www.epolitics.com/2016/11/17/trumps-dark-facebook-posts-win-white-house/, zuletzt geprüft am 24.03.2018.

Gorton, William A. (2016): Manipulating Citizens. How Political Campaigns' Use of Behavioral Social Science Harms Democracy. In: *New Political Science*, 38 (1), S. 61-80.

Graves, Allison (2016): Did Hillary Clinton call African-American youth 'superpredators?'. Online verfügbar unter: http://www.politifact.com/truth-o-meter/statements/2016/aug/28/reince-priebus/did-hillary-clinton-call-african-american-youth-su/, zuletzt geprüft am 24.03.2018.

Green, Joshua/Issenberg, Sasha (2016a): Inside the Trump Bunker, With Days to Go. Online verfügbar unter: https://www.bloomberg.com/news/articles/2016-10-27/inside-the-trump-bunker-with-12-days-to-go, zuletzt geprüft am 24.03.2018.

Green, Joshua/Issenberg, Sasha (2016b): Trump's Data Team Saw a Different America —and They Were Right. Online verfügbar unter: https://www.bloomberg.com/news/articles/2016-11-10/trump-s-data-team-saw-a-different-america-and-they-were-right, zuletzt geprüft am 24.03.2018.

Hesse, Konrad (1999): Grundzüge des Verfassungsrechts der Bundesrepublik Deutschland. Neudruck der 20. Auflage. C. F. Müller Verlag: Heidelberg.

Papakyriakopoulos, Orestis/Shahrezaye, Morteza/Thieltges, Andree et al. (2017): Social Media und Microtargeting in Deutschland. In: *Informatik-Spektrum*, 40 (4), S. 327-335.

Panagopoulos, Costas (2016): All about that base. Changing campaign strategies in U.S. Presidential elections. In: Party Politics, 22 (2), S. 179-190.

Plank, Erika (2013): Das amerikanische Wahlsystem. Theoretische Hintergründe und praktische Umsetzung im Unterricht. München: GRIN Verlag. Online verfügbar unter: https://www.grin.com/document/309341, zuletzt geprüft am 24.03.2018.

Sarcinelli, Ulrich (2011): Politische Kommunikation in Deutschland. Medien und Politikvermittlung im demokratischen System. 3., erweiterte und überarbeitete Auflage. Wiesbaden: VS Verlag für Sozialwissenschaften.

Semiatin, Richard J. (2016): Introduction. Campaigns on the Cutting Edge. In: Ders. (Hrsg.): Campaigns on the Cutting Edge. 3. Auflage. Thousand Oaks: CQ Press.

Stahl, Lesley (2017): Facebook "embeds," Russia and the Trump campaign's secret weapon. Online verfügbar unter: https://www.cbsnews.com/news/facebook-embeds-russia-and-the-trump-campaigns-secret-weapon/, zuletzt geprüft am 24.03.2018.

Terrell, Anthony (2016): Trump Out-Campaigned Clinton by 50 Percent in Key Battleground States in Final Stretch. Online verfügbar unter: https://www.nbcnews.com/politics/2016-election/trump-out-campaigned-clinton-50-percent-key-battlegrounds-final-100-n683116, zuletzt geprüft am 24.03.2018.

Voigt, Mario (2018): Digital Trump-Card?. Digitale Transformation in der Wähleransprache. In: Gärtner, Christian/Heinrich, Christian (Hrsg.): Fallstudien zur Digitalen Transformation. Case Studies für die Lehre und praktische Anwendung. Wiesbaden: Springer Gabler, S. 149-172.

BEI GRIN MACHT SICH IHR WISSEN BEZAHLT

- Wir veröffentlichen Ihre Hausarbeit, Bachelor- und Masterarbeit

- Ihr eigenes eBook und Buch - weltweit in allen wichtigen Shops

- Verdienen Sie an jedem Verkauf

Jetzt bei www.GRIN.com hochladen und kostenlos publizieren